Barbara Eggert

Wolkenschieber

Gedichte

www.tredition.de

© 2017 Barbara Eggert

Verlag: tredition GmbH, Hamburg

ISBN
Paperback: 978-3-7439-1523-7
Hardcover: 978-3-7439-1524-4
e-Book: 978-3-7439-1525-1

Printed in Germany

Ginge
es nach
meinen
Selbstzweifeln
würde dieser
Gedichtband
nie
den Weg
in die Öffentlichkeit
finden
und in
der Schublade
in Frieden
ruhen

Der
dichte Nebel
hängt seit Tagen
über dem Tal
frisst sich
in jede Fuge
in jeden Winkel
meines Gemüts –

es ist wie
Wandern
durch
Wolken
meint leichtfüßig
die Freundin
und lacht mich an –

Wolkenschieberin
allein durch ihr
Sein

Wie soll
es einem
gehen
nach dem
Tod
des eigenen
Kindes?

Auf
und
ab
und
weiter

Du kommst
auf Besuch
im Traum –
dort wo du
jetzt bist
geht es dir sehr gut
du hast keine
Schmerzen mehr
es gibt keinen
Grund zu weinen –
ich war böse mit dir
und meinte
umsonst
um dich geweint
zu haben-
entschuldige

Beim Putzen
deiner Wohnung
bist du
gegenwärtig
wie kaum sonst wo
man
atmet dich
spürt dich
hört dich
als könnten die
Gegenstände
dir Leben
einhauchen
es ist die
Erinnerung
die dich
am Leben
erhält

Die Namensliste
am Handy
zum x--ten Mal
hinauf und hinunter
gezappt –
keiner anrufbar
Zustand
für andere
unzumutbar
für einen selber
unerträglich –
man muss hier weg-
wohin vor sich selber
flüchten?
Es gibt kein
Schließfach
für einen
selbst

Eines deiner
Lieblingslieder
„Tears In Heaven"
im Radio
klimpert mit jedem Takt
auf den dünnen
Saiten meiner Seele
holt den Verlust
wieder so nahe
ans Herz
dass der Schmerz überbordet
und ich am liebsten
davonlaufen würde
aber irgendwie
halte ich aus
bis zum Schlussakkord
das bin ich dir schuldig –
du fehlst so sehr!

Fliegen
summen sich
zu Tode
am geschlossenen
Fenster
im Hochsommer
auf der Suche
nach Freiheit
sie finden
die geöffnete
Tür
gleich nebenan
nicht -
ein wenig
Abstand
und sie würden
erkennen –
wie menschlich

Die
Hündin
in die
Jahre gekommen
versteht soviel
vor allem
wie
sie
einen
um
den
Finger
wickelt –
geliebte
Sela

Manchmal
trifft mich
die Trauer
um dich wie ein
Überfall
seitwärts
aus dem Gebüsch
völlig
überraschend
ohne Vorwarnung
wie aus dem Nichts
zutiefst getroffen
strauchle ich
knicke ein
kann mich nur
mühsam aufrichten
weiter geht's –
irgendwie

Sich
vor Dingen
zu fürchten
die man
nicht
kennt
ist
unsinnig
umsonst
nicht weiterführend
so gibt es
ein Weiterleben
nach dem
Verlust
des geliebten Menschen
das gelingen kann
obwohl man sich
das vorher
nicht
vorstellen kann

Die
die zurückbleiben
rücken
näher
zusammen
leben
bewusster
intensiver
dankbarer

die
verbleibende
Zeit
ist kostbar
ein Geschenk
alles andere
als
selbstverständlich.

Zeit
ist wie
ein Brunnen
der klares
helles
Wasser
zum Fließen
bringt
und damit
Leben
man schöpft
aus dem Vollen
alles fließt
geht über
durchdringt alles
Zeit der Fülle
doch plötzlich –
man weiß nie wann
ist der Brunnen
leer
alles versickert
Wasser versiegt
alles verschlammt
bleibt stecken –
Zeit
ist
nicht
mehr

Den Kopf
in den Sand stecken
oder sich
niedertrinken
ist derselbe
dekonstruktive
Lösungsansatz
für Frustration
dahinter stecken
unerfüllte
Bedürfnisse
sie zulassen
anschauen
nach Erfüllung streben
ist gesünder –
verursacht
in jedem Fall
weniger Kopfschmerzen

Die
Körperwaage
kann zur
Freundin
werden oder
zur Feindin
je nach
Angabe
wird sie gerne
betreten
oder sie
macht
betreten

Der
Kampf
mit den
Kilos
ist manchmal
aussichtslos
frustrierend
wutentfachend
worauf man
sofort
zur Schokolade
greift
um wenigstens
ein klein wenig
Glücksgefühl
erhaschen
zu können

Der Selbstwert
hat sich
schleichend
unbemerkt
restlos
in Luft
aufgelöst
völlig
unbegründet
unerklärlich
unverständlich -
ohne ihn
lebt
es
sich
furchtbar
nackt

Einfache
Entscheidungen
werden zur
Qual
und dann
ist es
immer die falsche
die getroffen wird
wie die längere
Schlange im Supermarkt
Selbstwert
hol mich hier raus –
ich bin eine
Null!

Der andere
macht die
Fehler
und gibt
mir
die Schuld
dafür

ein Leben lang
trainiert
auf
Schuldgefühle
programmiert
funktioniere
ich immer noch
einwandfrei

Die
Sehnsucht
ist da
nach
einem
Du
nur
ein
Du
ist
nicht
da
also
weiter
Sehnsucht

Die
aktive
Suche
nach dem
Du
kostet
Zeit
Energie
Emotionen
erreicht
wird
Frustration
Stillstand
Blockade
die Suche
eingestellt –
das Leben
wieder gelebt

Die
Sehnsucht
schmerzt
wie ein
tiefer
Schnitt
in den
Unterleib
man verblutet
innerlich
mit jedem Tropfen
fließt
Lebensenergie
Freude
Mut
aus einem -
die Flugzeughalle
des Herzens
wird niemals
gefüllt werden –
Leere
Erstarrung
Trostlosigkeit
hallen von den
Wänden
zurück -
wo bist du
der sie ausfüllt
allein mit
seinem
Sein

Eintauchen
in Wörter
voller Kostbarkeiten
die das
Leben ummanteln
still werden
lauschen
was hallt
von den glatten Wänden
unbeachteter Gedanken –
da ist
ein zartes
Du
selbstvergessen
eingebettet
wie eine Feder
in Beton
leise vor sich hin
murmelnd –
ich bin
und will ein
Gegenüber
von den
Kostbarkeiten
klingt es leise
hallend zurück –
so hat
das
Sein
seinen
Sinn

Die
unbewusste
Angst
verlassen zu werden
treibt einen dazu
selbst zu verlassen
bevor es der andere tut
der versteht
überhaupt nicht
was los ist –
Beziehungsmuster

Deine
Freundschaft
zu leben
schmerzt
bis in die
Tiefe –
deine Freundschaft
zu verlieren
schmerzt
bis in die
Tiefe –
den Schlussstrich
zu ziehen
kostet alle Kraft
bringt große
Erleichterung
und soviel
Trauer

Freundschaft
ist so lange
wirkliche
Freundschaft
wie eine
Ausgewogenheit
zwischen
Geben und
Nehmen
besteht –
kommt
sie ins
Ungleichgewicht
muss man
das ändern
oder sie
beenden

Im
Unbewussten
im Partner
die phantasierte
Ablehnung
des Vaters
wieder und wieder
gesucht
und gelebt
wieder und wieder –
jetzt
wo ich es
weiß
müsste ich
eigentlich
aufhören
können
damit

Es ist
ein wunderbares
Geschenk
deinen Worten
zu lauschen
auch wenn
belastende
Bilder
lebendig werden
die tief
im Inneren
berühren –
dein Leben
mir anvertraut
was für ein
Geschenk!

Schmerzen
die sengende Sonne
das schwitzende Pferd
der 12 jährige Junge
keine Decke kein Sattel
mit nackten Beinen
am schwitzenden Pferd
Stunde um Stunde
die Haut wird wund
Stunde um Stunde
 die Haut wird offen
er muss durchhalten
die Ernte muss rein
er muss die Pferde führen
Stunde um Stunde
den Tränen nahe
der 12 jährige Junge
läuft heim mit offenen Beinen
zur Schwester
die Mama ist im Lager
und kann ihn nicht trösten –
Nachkriegszeit

Nur weg
von dieser
Familie
diesem Ort
des Grauens
Kindermädchen
selbst noch
ein Kind
schon saust
die Rute
um die Ohren
im Laufschritt
zurück
getrieben
neben dem
Fahrrad
herlaufend
geschlagen
wie ein Tier
lauf schneller
du Nichtsnutz
lauf schneller
du Sau –
die eigene
Familie
verloren
Heimweh
Schmerzen
Verzweiflung –
Nachkriegszeit

Klebrige
Worte
hängen
kopfüber
in der
Wartehalle
des Herzens
eingeengt
in eisernen
Kokons
unzähliger
Wiederholungen
die ein
glatter
Schnitt
befreit –
loslöst
vom
aufgestauten
hervorquellenden
Eiter
sich selbst
belügender
Vorsätze
Raum gewinnend
Heimat geben
Heimat sein

Augenblicke
Momente
des Glücks –
registriert werden
gesehen werden
wahrgenommen werden –
die Sehnsucht
danach
drückt
sogar
manchem
Erwachsenen
Tränen
in die
Augen

Meine Sehnsucht
will endlich ein Du
einen Adressaten
mit Händen und Füßen
zum Anfassen und Spüren
meine Sehnsucht
will nicht länger verpuffen
ungespürt
unerfahren
hinauf ins Weltall
in die Unendlichkeit
sinnlos
endlos
so traurig
meine Sehnsucht
hat das
sich Sehnen
schon satt
und die Sucht
hinter sich
meine Sehnsucht
ist leise geworden
und still
und doch
ganz im Geheimen
wartet sie
noch immer
auf dich

In den
Wirren des Abends
treffen sich unsere
Blicke
bleiben ineinander
verhaften –
ich sehe nicht weg
ich sehe dir gerade in die Augen
ich halte deinem Blick stand –
einundzwanzig
ich habe keine Angst
ich bin noch immer hier –
zweiundzwanzig
ich sehe dich wie du bist und ich mag dich -
dreiundzwanzig
weg ist dein Blick
die schönsten drei Sekunden
eine Ewigkeit

Der Applaus
hebt mich
hoch
lässt mich
tanzen
wie auf
einer Welle
ist wunderbar
ist wie Fliegen
ist herrlich
genießen mit jeder Pore
bis die Welle einen
ausspuckt –
was ziemlich
schmerzt
aber gut tut
sonst hätte er fast
einen Suchtfaktor

Man
dichtet nicht
für den
Applaus
man dichtet
um Dinge
klarer zu
sehen
um ehrlich
zu sich
selbst zu sein
er ist Geschenk
wie ein wiedergefundener
50-Euro-Schein
man freut sich sehr
aber er ist niemals
Hauptsache
geschweige denn
Motivator

In der
Aufarbeitung
der Kindheit
die Eltern
als Ganzes
sehen lernen –
ist ein kostbares
Geschenk
sie haben ihr
Bestes gegeben
wo es nicht gereicht hat
konnten sie nicht anders
Eltern sind
sowohl – als auch – Menschen
das darf sein
wie befreiend

Wenn
man sich
Zeit nimmt
und die
Lebensgeschichte
der Eltern
erfragt
lernt man sie
ganz neu
kennen –
man versteht sie
plötzlich besser
man erkennt
Zusammenhänge
und wird
reich
beschenkt

Manchmal
versteckt sich
hinter einem
Vorwurf
den man zu
hören scheint
ein liebevoll
gemeinter
Versuch
zu beschützen
der nur nicht
richtig
artikuliert
wurde
manchmal zahlt
es sich echt aus
nachzufragen

Die scharfe
Speerspitze
aus Worten
voller Kampfbereitschaft
dringt ein in die
offen liegenden
Nervenbahnen
des Rückenmarkes
deren Schutzlosigkeit
von erbarmungswürdiger
Hilflosigkeit
gezeichnet ist
Lähmung
Erstarrung
Unbeweglichkeit
trotzdem aufrichten
und sich dadurch
schützen

Ich
warte
auf deinen
Anruf
wie der Wüstenwanderer
auf den Brunnen
mit frischem Wasser
als würde das
Überleben
davon abhängen –
will nicht
abhängen
will nicht
warten
will
überleben

Wer
bist du
der du
mich so
berührt
hast
wie gern
hätte ich
hinter die
Fassade
einen Blick
geworfen
und erkannt
so bist du

Der
Kampf
der Realitäten –
wie
ernüchternd
wenn meine
Realität
verliert
und es sich
herausstellt
dass sie
keine
ist –
wie peinlich

Meine
Gedankenburg
auf Indizien
gebaut
verteidige
ich mit allen
Mitteln
in sich ist sie
stimmig
logisch
unerschütterlich

plötzlich
mit der Realität
konfrontiert
stürzt sie in sich
zusammen

wie ein
Wüstensturm
eine Sanddüne
verbläst
da ist
nichts mehr da
zerbröselt im Wind

erschüttert
über diesen
Irrtum
wird man
Gedanken-los

Es geht
um`s
Genießen
Elfmeterschießen
bei der Fußball WM
versus
Telefonieren
mit der Freundin
was ist wohl
lustvoller?
Als alter Fußballfan
ehrlich zugegeben
Elfmeterschießen –
und doch greif ich
zum Handy
und schalte den
Fernseher aus

Weniger

nach – denken

mehr

nach – fragen

Endlich wieder
Lesen können
eine Welt
ohne Bücher
ist eine
arme
Welt

Sich wieder
berühren lassen
von den
Worten
anderer
reich beschenkt
tief betroffen
hart getroffen
lange nachsinnen
heftig diskutieren
ausführlich erzählen
im Herzen bewegen
traurig
da das Buch
schon ausgelesen ist
macht sich fast
ein Vakuum breit –
nächstes Buch
wo bleibst du
wirst du
mithalten können

das alles
macht die
Lust
am Lesen aus

Und doch -
manchmal
völlig
unvorbereitet
unerwartet
unberechenbar
schlägt
von der Seite
die Erinnerung zu
an die schlimmsten
Zeiten
meines Lebens
knallhart
glasklar
furchtbar real
dann liegt es an
mir
wie viel
Raum
ich ihr gebe
oder eben nicht

Abgeschirmt
durch viele Tabletten
am Tag
komme ich
nicht mehr
so tief
in mich
um mir
schaden
zu können
gefährliche Gedanken
zerplatzen
wie Seifenblasen
an der inneren
Chinesischen Mauer –
es ist gut so

So vieles
gelernt
in der Psychotherapie
Nein –sagen
Umgang mit der Wut
Dinge klären
vieles mehr
das nicht
fassbar ist
in einem Gedicht
betrifft es doch
mein ganzes Leben
meine Entwicklung
mein Sein -
eine Investition
für das Leben

Gutgemeinter Ratschlag I:

Du
Kannst
NICHTS
falsch
machen

Gutgemeinter Ratschlag II:

Nicht
das Vergangene
ändern
wollen
oder das Zukünftige
beeinflussen
wollen –
leben
im Hier
und Jetzt
und dabei
möglichst viel
Freude
haben

Die Mitteilung
über eine
Schwangerschaft
schlägt ein
wie ein
Komet
lässt Tränen
freien Lauf
endlich soviel
Glück
nach all der
Trauer –
wir freuen uns so
mit euch

Freundschaft
hält aus
dass der andere
ist wie er ist
sein darf
wie er ist -
das gibt dem
Ganzen
eine therapeutische
Wirkung
ist deshalb
unersetzlich
und unvorstellbar
wertvoll

Eine
andere Meinung
zu haben
dazu zu stehen
bedeutet nicht
Fall ins Bodenlose
ohne Halt
Liebesentzug
Einsamkeit
sondern
kann auch bedeuten
Ende der Verschmelzung
Begegnung auf Augenhöhe
Wertschätzung als Gegenüber

Unrund nervös
unausgeglichen
grantig gereizt
und genervt –
sie ist mir
abhanden gekommen
hab sie unterwegs verloren
sie ist weg
auf der Suche nach ihr
letztlich beim
Therapeuten gelandet
nach einigem Hinterfragen
sie tatsächlich wiedergefunden
dankbar in sie hineingeschlüpft
sitzt und passt
da ist sie wieder –
meine Gelassenheit

Manchmal
bin ich noch immer
traurig
einfach so
ohne erkennbaren Grund
dann versuche ich es
auszuhalten
ohne
zu reden
zu telefonieren
zu trinken
mich sonst irgendwie abzulenken
es auszuhalten
einfach traurig zu sein
einfach so -
wer sagt denn
dass es mir immer
gut gehen muss

Sich
kritisieren
lassen
ja bitte gern
ist wichtig
schleift die
Kanten –
ich darf aber auch
STOPP
sagen
muss mir
nicht
jeden Stiefel
anziehen

Andere
entscheiden
innerhalb
von zehn Minuten
über
mein Leben –
derart
ausgeliefert
bin ich erschüttert
über meine
Ohnmacht
meine
Hilflosigkeit
meine
Unbelastbarkeit

Deine
Freundschaft
ist mir so
wichtig
wertvoll
ein Geschenk –
nicht aufzuwiegen
in Gold
Kamelen
oder sonstigen
Kostbarkeiten –
danke dir
für dein
Sein
du Wolkenschieberin

Die Erschöpfung
fordert Ruhe
die Gefühle
wollen weg
von ihrer
Intensität
die Schmerzen
verursacht
endlich schlafen
eintauchen ins
Nichts
hoffend von den
Träumen in Ruhe
gelassen
zu werden

Dinge klären
gehört mit zum
Wichtigsten
was dieses
Leben
erträglicher macht
es kann
nichts
passieren
außer dass
Klarheit
eintritt
Freiheit
sich breit macht
die Sicht
sich klärt.

Sich
hingeben
fallen lassen
loslassen -
sein

von weiter Hand
getragen
umschlossen
gehalten -
geborgen

Gott erfahren

Manchmal
komme ich nicht
aus dem Bett
zu schwarzverhangen
ist der Himmel
zu schmerzverzerrt
hängen die Fetzen
der Träume
noch in meinem
Bewusstsein
alles ist
mühsam
und schwer -

ihr nachdrückliches Bellen
zwingt mich aufzustehen
raus an die Luft –
gut tut es

Von den
Klosterschwestern
Lernen
Wie man
Einen Gast
Der schon
lange sitzt
den man gerne
höflich
nach Hause
schicken möchte
verabschiedet:
wenn ich wo wäre
würde ich
jetzt
nach Hause
gehen

Ich wünsche dir
Weite
dass der Horizont sich dehnt
ich wünsche dir
Grenzen
die andere respektieren
ich wünsche dir
Freude
die unerschöpflich fließt
ich wünsche dir
Traurigkeit
die zu Gast sein darf
ich wünsche dir
Lärm
damit du weißt, dass du lebst
ich wünsche dir
Stille
um dein Herz wahrzunehmen
ich wünsche dir
Beziehung
als Kantenschleifer
ich wünsche dir
Einsamkeit
damit Beziehung wieder gelingt
ich wünsche dir
alles
erdenklich
Liebe
denn sie beinhaltet alles
was man sonst noch wünschen kann

Zeitfracht Medien GmbH
Ferdinand-Jühlke-Straße 7
99095 Erfurt, Deutschland
produktsicherheit@kolibri360.de